AF341883

QUELQUES RENSEIGNEMENTS

SUR LES

ÉCOLES MÉNAGÈRES

PUBLIÉ SOUS LE PATRONAGE

DE LA

Société générale d'Education et d'Enseignement

35, rue de Grenelle, Paris

EN VENTE

Chez MM. Maitrier et Courtot, imprimeurs à Langres, et aux bureaux de la
Société d'Education et d'Enseignement, 35, rue de Grenelle, Paris

LANGRES

IMPRIMERIE MAITRIER ET COURTOT

—

1899

QUELQUES RENSEIGNEMENTS

LES ÉCOLES MÉNAGÈRES

QUELQUES RENSEIGNEMENTS

SUR LES

ÉCOLES MÉNAGÈRES

PUBLIÉ SOUS LE PATRONAGE

DE LA

Société générale d'Education et d'Enseignement

35, rue de Grenelle, Paris

EN VENTE

Chez MM. Maitrier et Courtot, imprimeurs à Langres, et aux bureaux de la
Société d'Education et d'Enseignement, 35, rue de Grenelle, Paris

LANGRES

IMPRIMERIE MAITRIER ET COURTOT

1899

QUELQUES RENSEIGNEMENTS

SUR

LES ÉCOLES MÉNAGÈRES

Par une Mère chrétienne

I

Les Ecoles Ménagères ont un double but : elles enseignent aux jeunes filles du peuple, d'une façon *théorique* et *pratique,* les divers travaux qui incombent à la femme, et elles les préparent à une tâche plus grande encore, celle de former une famille chrétienne.

Leur programme comprend ce que devrait savoir toute fille élevée par une mère qui garde elle-même les traditions du passé, et qui remplit au foyer domestique ces devoirs dont Fénelon disait : « Ils sont les fondements de toute la vie « humaine ; ne sont-ce pas les femmes qui « ruinent ou soutiennent les maisons, qui « règlent tous les détails des choses domes-

« tiques, et qui, par conséquent, décident de ce
« qui touche le plus près à tout le genre hu-
« main. »

On a voulu de notre temps donner aux jeunes
filles, même de la classe ouvrière et de la campagne, une instruction qui ne répond ni à leur
situation présente, ni à leur avenir, et on déplore
de plus en plus chez elles l'absence d'éducation
pratique. Les mères, dans beaucoup de familles,
sont incapables de transmettre à leurs enfants
des habitudes d'ordre et de travail qu'elles n'ont
plus. Et cependant jadis en France, plus que
partout ailleurs, les ouvriers, les paysans surtout, savaient économiser, et l'on pouvait dire
de beaucoup de ces femmes fortes : « Elle a con-
« sidéré un champ et elle l'a acheté du fruit de
« ses mains. » Aujourd'hui, combien de patri-
moines, acquis par de longues années de travail
et de privations, sont vendus, dans certaines
provinces de notre patrie, à bas prix, pour payer
les dettes journalières, et souvent aussi pour
suivre ce courant qui conduit dans les villes tant
de ménages malheureux ; ils auraient trouvé au
village une aisance rustique, il est vrai, mais
rayonnante de joie et de bonheur.

Ne serait-il pas nécessaire de donner une
éducation professionnelle aux filles de cultivateurs, de les préparer au rôle capital que la
femme remplit dans l'économie domestique
et qui devient un facteur important de la pros-
périté agricole ?

Ne serait-il pas nécessaire de les rattacher à la vie des champs, pour arrêter ce déclassement que tant de gens sensés déplorent ?

Comme le dit Montesquieu : « Que les hommes « fassent des lois tant qu'ils voudront, ce sont « les femmes qui font les mœurs et les idées. »

Et si nous traversons les quartiers de nos villes habitées par les ouvriers ou les villages qui entourent nos grandes usines, nous verrons des femmes et des jeunes filles groupées devant leur logement et dans l'oisiveté la plus complète à toutes les heures de la journée.

« Pénétrez, nous dit Mgr Turinaz, dans les « logements des cités ouvrières, et rarement « vous y trouverez l'ordre et la propreté. Presque « toujours, au contraire, le désordre est lamen- « table, des objets de tout genre, des instru- « ments de travail, s'étalent partout, ou s'en- « tassent pêle-mêle dans tous les coins du logis. « Les vêtements de la mère de famille, ceux de « son mari et de ses enfants, sont en mauvais « état. La nourriture est mal préparée, ou même « elle ne l'est pas du tout. Le mari revient « accablé par un travail qui a épuisé ses forces ; « les enfants commencent à grandir, tous ont « besoin d'une nourriture saine et fortifiante ; « mais pour la mère de famille la préparation « de cette nourriture est trop longue et trop « pénible.

« Le mari voudrait emporter pour le repas de « midi, qu'il prend à l'usine, une nourriture au

« moins suffisante. Il l'a réclamée en vain, et il se
« décide à aller au cabaret. Quand il rentrera le
« soir à son logis, il le verra mal tenu, la nour-
« riture sera encore insuffisante et mal prépa-
« rée et, mécontent, irrité, il retournera au caba-
« ret, y prendra l'habitude des boissons alcoo-
« liques, et y dépensera une grande partie de la
« paye de sa semaine.

« Que font donc ces femmes pendant la jour-
« née entière, tandis que le mari travaille et
« gagne le pain de tous ? Elles se livrent à des
« conversations interminables, s'entretiennent
« de tous les bruits qui circulent ; elles boivent
« plusieurs fois par jour du café et de l'eau-de-
« vie et renoncent complètement à leur mission
« d'activité et de dévouement, à leur mission de
« ménagères et de mères de famille... !

« Cette oisiveté a les plus déplorables consé-
« quences. Ces épouses et ces mères de famille
« perdent toute leur influence sur leur mari et
« leurs enfants. La femme n'est plus le guide,
« le modèle, le soutien et la consolation de
« tous. Elle donne le mauvais exemple et gémit
« de son impuissance. Ses reproches et ses con-
« seils sont méprisés ou repoussés avec colère :
« le mari et les enfants se plaignent, et leurs
« plaintes soulèvent des récriminations et des
« tempêtes. Tout est plus cher dans ce ménage
« si mal dirigé ; les dettes s'accumulent et pré-
« parent la ruine de la famille. Les enfants
« sont indociles, paresseux et révoltés, l'auto-

« rité du père et de la mère disparaît avec l'es-
« time et le respect. Les jeunes gens et les
« jeunes filles se trouvent mal à l'aise au logis
« et l'abandonnent le plus souvent possible.
« Quand ils gagnent un salaire, ils ne l'ap-
« portent pas à la mère de famille pour subve-
« nir aux dépenses communes, et ils marcheront
« dans les voies déplorables où leurs parents les
« précèdent. Il est évident que cette oisiveté des
« femmes et tous les désordres qui en sont les
« conséquences sont une source lamentable
« d'immoralité. »

Et c'est à l'heure où la mission de la femme
du peuple devient plus importante que jamais !

Le second but des écoles ménagères est préci-
sément de prolonger au-delà des classes primaires l'influence si excellente de nos saintes
Religieuses sur les jeunes filles. Elles y affermi-
ront, y développeront le sens religieux, à l'âge
où s'éveillent chez les enfants toutes les pen-
sées, tous les sentiments qui doivent diriger
leur vie, puisque leurs mères ne savent plus
leur donner les principes de la foi, et former
leur caractère par les traditions du passé qu'elles
ne gardent plus elle-mêmes, pour la plupart.
Sans doute, elles se sont trouvées dans des conditions qui sont leur excuse. Le développement
de l'industrie les a fait sortir en grand nombre
de leur pays, et elles se sont vues isolées, loin
de leur famille, sans assistance dans leurs maladies, dans les difficultés de leur existence,

sans secours des vieux parents, sans conseils de la sœur qui les a élevées, du curé qui les a suivies depuis leur naissance. Personne ne s'intéressant à elles, elles sont livrées à tous les dangers d'un milieu formé dans des conditions délétères. Et même en restant dans leur village, en face de quelles difficultés ne se trouvent-elles pas ! La foi, la vertu y sont combattues par les mauvais journaux répandus à profusion, méprisées ou tournées en ridicule par les sophismes les plus spécieux. Les femmes elles-mêmes lisent avidement les feuilletons qui jettent chaque jour dans leur âme une nouvelle dose de poison.

Il est donc indispensable d'insister sur la formation de la jeune fille du peuple parce qu'elle a besoin d'une piété plus ferme et plus éclairée, d'un caractère plus élevé et plus fort, d'un dévouement plus généreux que par le passé.

Elle devra être le cœur sur lequel s'appuieront tour à tour tous les membres de cette pauvre famille, l'ange gardien de ce père, de ces frères entraînés par les doctrines perverses de ce jour, de cette mère fatiguée par une vie difficile, et dont les habitudes futiles ont tari le sens moral. Plus tard son rôle de femme et de mère sera plus grand encore.

L'homme infidèle, dit saint Paul, est sanctifié par la femme fidèle, parole profonde qui s'est vérifiée au début de ce siècle. N'avons-nous pas vu bien des familles des hautes classes, où avait pénétré l'influence des idées funestes du dix-huitième siècle ou du jansénisme, confier heureusement l'éducation de leurs filles à nos saintes Congrégations religieuses, qui en ont fait des femmes pieuses. Elles sont devenues les épouses d'hommes qui n'étaient chrétiens que de nom pour la plupart, et elles ont consacré toute leur vie à les convertir, priant intérieurement jour et nuit, mettant toute la tendresse de leur cœur, toute la grâce de leur nature à les ramener à la foi ! Elles n'y sont parvenues parfois qu'au dernier jour ; mais, en attendant ce jour, elles élevaient chrétiennement leurs enfants, elles obtenaient de les confier à des maîtres religieux, et elles préparaient ainsi le renouvellement dans la foi des classes élevées de notre pays.

Cette œuvre aujourd'hui est celle des pauvres femmes du peuple. L'incrédulité est descendue dans les classes ouvrières, et elle y a engendré le respect humain, l'indifférence, le sarcasme, un sens matérialiste plus complet, bien que moins coupable aux yeux de Dieu, que celui des esprits cultivés qui avaient plus d'armes pour s'en défendre.

Ces armes manquent au peuple qui a l'intelligence moins ouverte, et l'influence de la femme, de la mère chrétienne, devient par là même plus nécessaire, puisque c'est presque uniquement sur elle que repose l'espoir de la conversion du père, l'éducation religieuse des enfants, l'avenir de notre peuple.

« C'est par l'enfance, a dit le vicomté de Melun,
« que Dieu rend les siècles corrigibles et les na-
« tions guérissables. » Comment une grande
partie des fils des paysans, des ouvriers, qui sont
le nombre, sont-ils élevés à l'heure actuelle, et
pouvons-nous compter sur eux pour corriger
notre siècle et guérir notre nation ?

Il y a sans doute, dans les villes, des écoles
de Frères ; il y en a aussi dans certains centres
industriels ; mais dans beaucoup d'autres et
dans nos villages, nous n'avons que des institu-
teurs laïques. On sait l'éducation qui y est donnée. Jamais ces enfants n'y entendent parler
de Dieu ; ils arrivent au catéchisme comme de
petits barbares, sans savoir leurs prières, sans
avoir l'idée du surnaturel. Ces catéchismes, ils
les suivent d'une façon plus ou moins régulière, vont à l'église un an encore après la première communion ; puis c'est fini, ils abandonnent toute pratique religieuse !

Comment réagir contre cet état de choses, si
nous n'avons pas de mères chrétiennes ? Saint
Augustin a dit : « Parmi les hommes, ceux qui
« ont fait le plus de bien au monde avaient le
« cœur formé à l'image de leur mère ; les plus
« saintes et les plus sublimes choses de la terre
« ont leurs germes dans les cœurs maternels. »

Il est donc extrêmement désirable de confier les jeunes filles, à la sortie de l'école primaire, encore pendant deux ou trois ans, à des Sœurs préparées à cette tâche. Sainte Chantal nous dit que les saints ont cela d'admirable qu'ils suffisent à tout et que rien n'échappe à leurs soins ; et c'est ce qui nous rassure, en demandant à ces saintes Religieuses tout à la fois une science théorique et pratique très complète des différents genres de choses qu'elles doivent enseigner, et une véritable supériorité morale, celle que Dieu donne à une mère chrétienne pour élever ses enfants.

Le Saint-Père Léon XIII le proclame et dit : que les Religieuses ont *excellemment mérité de l'instruction et de l'éducation chrétienne et civile des jeunes filles*. Mgr l'archevêque d'Aix ajoute dans la lettre qu'il écrit à ce sujet aux Religieuses enseignantes de son diocèse :

« Nous vous devons, mes chères Sœurs, nos
« mères : le premier des trésors dans les trésors
« infinis de Dieu, le chef-d'œuvre de ses mains
« et de son cœur. Pour ma part, je vous dois
« une reconnaissance éternelle et à jamais
« impayable...

« C'est à vous que nous devons ces innom-
« brables servantes des pauvres, des malades,
« de toutes les misères humaines…

« Mes chères enfants, vous nous formerez
« toujours de grandes chrétiennes, de grandes
« Françaises, qui feront bénir les noms de Dieu
« et de la France sur toutes les contrées de la
« terre. C'est vous, oui vous qui préparerez nos
« conquêtes dans les îles lointaines ; vous faites
« aimer, au delà des océans, notre chère patrie,
« dont les enfants que nous leur envoyons sont
« des anges de vertu, de charité, de dévouement.
« C'est le dévouement qui recule les frontières.

« Enfin, le Saint-Père vous exhorte, mes
« chères filles, à vous montrer de plus en
« plus dignes de votre admirable vocation,
« à vous tenir au courant de tous les vrais
« progrès, à ne vous laisser vaincre par per-
« sonne dans le travail, dans l'amour de vos
« élèves, donnant tous vos soins à nous former
« des femmes d'intérieur, de bonnes gouver-
« nantes de maisons, sachant mettre habilement
« la main à tous les détails de la vie domestique :
« cuisine, couture, raccommodage, repassage,
« grosse culture, jardinage, sans en excepter la
« basse-cour ; il n'y a pas de sottes ménagères,
« mais il y a beaucoup de sottes maîtresses.

« Vous devez vous appliquer de toutes vos
« forces à nous préparer des chrétiennes et des
« Françaises : tout est là. C'est ainsi que vous
« serez les véritables Religieuses enseignantes. »

Cet encourageant appel au dévouement de nos saintes Congrégations pour former sans retard des Sœurs spécialement préparées à donner à nos jeunes filles, dans les écoles ménagères, les connaissances nécessaires à leur destinée future, est d'autant plus précieux que la Ligue de l'enseignement s'efforce par tous les moyens dont elle dispose d'organiser elle aussi, des écoles ménagères.

Voici le danger que signale la *Réforme sociale* par un article de M. Cazajaux (16 décembre 1897) :

« Il faut réformer les programmes et dresser
« le personnel enseignant. Aussi aimerions-
« nous à voir quelques-unes de nos grandes
« Congrégations enseignantes de femmes,
« prendre la tête du mouvement, et créer sous
« leurs mains dans nos grandes villes d'abord,
« des écoles ménagères distinctes, qui devien-
« draient des sortes d'écoles normales de
« cet enseignement.

« Il est bon de rappeler à ces Congrégations
« que depuis deux ans leur grande ennemie, la
« Ligue de l'Enseignement, dans ses congrès de
« Bordeaux et de Reims, en plusieurs rapports
« très étudiés, a vivement appelé l'attention de
« ses sectateurs sur la nécessité et l'organisation
« pratique des écoles ménagères. Voici, en
« particulier, les vœux votés à Reims au mois
« d'août dernier (1897).

« I. — Il y a lieu de faire à l'enseignement
« de l'économie domestique, de la cuisine et
« du ménage, une part plus large dans les
« écoles primaires de filles ; et pour préparer
« convenablement le personnel enseignant, des
« cours d'économie domestique et de cuisine
« seront organisés :

« 1° A l'Ecole normale supérieure de Fontenay-
« aux-Roses ;

« 2° Dans les écoles normales d'institutrices ;

« 3° Dans un certain nombre de grandes
« villes.

« II. — Les programmes du cours élémen-
« taire et du cours moyen devront être modifiés
« en conséquence.

« III. — Les programmes d'examen du certi-
« ficat d'études primaires et des différents
« brevets de capacité seront, pour les filles,
« augmentés d'une épreuve écrite ou orale,
« portant sur l'enseignement théorique de la
« cuisine et du ménage.

« IV. — En attendant que ces réformes
« soient régulièrement opérées, l'on s'efforcera
« par tous les moyens dont on dispose et, en
« particulier, par la fondation de prix spéciaux
« dans les concours cantonaux et examens du
« certificat d'études, d'encourager l'enseigne-
« ment ménager théorique et pratique dans les
« écoles de filles de toute catégorie, à la ville
« comme à la campagne.

« V. — En ce qui concerne plus particuliè-
« rement les populations des villes et des
« centres manufacturiers, il y a lieu de doter
« chaque école ou chaque groupe d'écoles,
« recevant au moins 250 élèves, d'une classe
« dite ménagère qui, sous la direction d'une
« maîtresse spéciale, donnera l'enseignement
« pratique du ménage aux élèves ayant atteint
« leur treizième année.

« VI. — L'on s'efforcera d'obtenir, dans
« toutes les grandes villes ou centres indus-
« triels ou manufacturiers, dont la population
« dépasse 50,000 habitants, la création d'écoles
« ménagères ou d'écoles professionnelles, pou-
« vant donner aux jeunes filles une éducation
« ménagère théorique et pratique complète. »

Il existe déjà en France quelques écoles
ménagères dirigées par des Sœurs. Mais elles
sont beaucoup plus nombreuses dans les pays
voisins. En Belgique et dans le Luxembourg,
plusieurs de ces écoles sont dirigées par des
Religieuses françaises dont on apprécie vivement les bienfaits. Servons-nous des trésors
que Dieu a donnés à notre patrie, espérant qu'à
la vue de tout le bien qu'en ressentent les
déshérités de ce monde, on finira par cesser de
les persécuter, là où on ne saurait assez les
bénir.

III

ÉCOLES MÉNAGÈRES AGRICOLES ET CLASSES
MÉNAGÈRES RURALES

Pour répondre à la haute direction devant
laquelle nous nous inclinons avec un profond
respect et un ardent amour, peut-être sera-t-il
utile de donner quelques renseignements sur
les Ecoles ménagères qui fonctionnent avec
succès dans les pays voisins et commencent
dans le nôtre.

Il y a plusieurs types d'Ecoles de ce genre.
1° Les simples *classes* ménagères succédant aux
Ecoles primaires dans les villages, les centres
industriels et les milieux ouvriers confinant
aux champs.

Il faut préparer les Sœurs à donner cet
enseignement par une formation spéciale :

1° Pour en bien connaître toutes les branches
avec les perfectionnements du jour.

2° Pour *savoir les enseigner théoriquement* et
pratiquement aux élèves.

Le choix de la Sœur institutrice est très
important au point de vue du succès de l'Ecole
ménagère. Elle ne doit pas être seulement
experte dans les travaux auxquels elle exercera

ses élèves ; il faut encore qu'elle sache *enseigner* dans un langage clair, simple et précis ; il faut surtout qu'elle sache inculquer aux jeunes filles les qualités morales qui, plus encore que les connaissances pratiques, font la femme de ménage et la mère de famille. Si la Sœur institutrice est elle-même pénétrée de l'importance de sa mission, elle saura faire comprendre le rôle social de la femme et des devoirs très sérieux qui lui incombent.

Mais il sera néanmoins plus facile aux communautés de former des Sœurs nées et élevées à la campagne, à ce genre d'éducation, dont elles ont déjà les habitudes, en leur apprenant à perfectionner les méthodes, qu'à les préparer au brevet de capacité pour l'enseignement du certificat d'études. Cette préparation ne les fatigue-t-elle pas souvent si profondément, que leur santé en reste affaiblie ? Et ne serait-ce pas un grand bien à tous les points de vue, de remplacer le certificat d'études, le plus souvent possible, par un examen sur les questions ménagères, qui sont du ressort des femmes, en définitive ? Le programme de ces simples classes comprend pour l'institutrice :

1° Comme cours théoriques :

Economie domestique.

a) Des leçons d'hygiène de l'habitation, propreté, ventilation, tenue de la maison, chauffage, principaux combustibles, appareils de chauffage, leur entretien. Eclairage. Entretien de l'ameublement.

b) Vêtements. Leur entretien : lavage, repassage, etc...

Considérations économiques sur l'achat, etc.

c) Aliments. Farines et pain, viandes et œufs, légumes et fruits, achats et conservation...

d) Boissons.

Eléments de pédagogie et d'hygiène.

Les conditions du développement corporel, intellectuel et moral des enfants. *Principes* d'éducation physique et morale. Exercices de chants.

Hygiène de l'homme. Soins à donner aux malades, préparation des médicaments, pharmacie domestique, etc., premiers secours en cas d'accidents. Soins des vieillards.

Eléments d'histoire naturelle.

a) Chimie. Notions générales. Etude des principaux corps simples et composés qui entrent dans la composition du sol, des plantes et des produits employés dans le ménage (sel de cuisine, sel de soude, vinaigre, genièvre, etc.), des animaux.

b) Physique. Explication des appareils et instruments qui se rapportent à l'agriculture (thermomètre, baromètre, densimètre, siphon, etc., etc.).

Arithmétique.

Applications des quatre règles fondamentales du système métrique et de la règle de trois dans les opérations du ménage (de la ferme).

Rédaction de lettres et comptes.

Rédaction de lettres, de notes, etc., concernant les affaires usuelles du ménage. Récapitulation occasionnelle des règles de la grammaire. Comptabilité du ménage (*id.* de la ferme), tenue des comptes courant et calcul des intérêts, etc.

Cuisine.

Cuisine. Boulangerie, etc., mets simples appropriés aux usages locaux.

Classes rurales

Eléments de culture potagère.

Etablissement et division du jardin potager du ménage et de la ferme. Culture et conservations des principaux légumes. Notions élémentaires sur les arbres fruitiers, la vigne, la taille, etc. Entretien et exploitation du verger. Conservation et utilisation des fruits, vente et emballage. Culture de quelques arbustes et de quelques fleurs pour l'ornementation de l'église et de la maison de famille.

Botanique. Notions élémentaires d'organographie. Principales plantes utiles et nuisibles, pharmacie domestique.

Zoologie. Notions élémentaires. Animaux utiles et nuisibles.

Comme exercices pratiques :

Entretien de l'habitation.

a) L'entretien et la propreté de l'habitation et des meubles, du feu, de l'éclairage, etc.

Lavage et repassage.

b) Le lavage et le repassage du linge.

Travaux à l'aiguille. Coupe et confection. Raccommodages. Points de coutures diverses.

c) Les travaux à l'aiguille, les divers points de couture, la *coupe* et la *confection* du linge et des vêtements usuels, les raccommodages bien faits du linge et des vêtements usuels. On fera étudier la coupe et la confection du linge de literie, des chemises d'hommes, de femmes, de vêtements simples d'enfants, de robes de jeunes filles, de vêtements de travail de tous genres, etc. Il convient de faire *établir soigneusement et toujours avec économie le prix de revient de chaque objet.*

Il faut se garder avec le plus grand soin d'inspirer aux élèves des goûts de luxe, gardér autant que possible les costumes du pays, habillant infiniment mieux, même au point de vue du goût, que la copie faussée de nos modes de la ville. Le raccommodage du linge et des vêtements, l'utilisation des vieux vêtements seront l'objet d'une attention toute particulière. En un mot, il faut former non des servantes pour la ville, mais de bonnes paysannes, dans dans toutes les Ecoles ménagères rurales.

Cuisine.

Pour la cuisine, par exemple, il faut composer des repas selon les usages de la localité, les établir, *en tenant compte de leur valeur nutritive*, à des prix modestes, afin de fournir une nourriture à la fois saine et réconfortante, dans la mesure de la dépense d'un ménage d'ouvriers. Pour y arriver, on calculera le prix de chaque plat par convive. Il faut choisir avec une grande prudence les livres traitant de ces questions de ménage, et écarter tous ceux qui ne sont pas faits pour la classe ouvrière proprement dite. Le *Chemin du bonheur domestique* donne des menus de dîners à 1 fr. 25 et 1 fr. 50 pour un ménage de 6 à 8 personnes. Il faut calculer la moyenne des salaires des ouvriers du pays, et établir le budget d'une famille sur ces données, comme il est bon d'en préparer d'autres au-dessous pour prévoir les chômages, les accidents de tous genres, et d'autres un peu au-dessus aussi de cette moyenne, afin d'habituer à une stricte et intelligente économie en tout état de cause. Ces principes doivent dominer tout l'enseignement.

En tout, on doit veiller à ce que la matière première soit *convenablement* et *économiquement* utilisée.

Le choix de l'outillage spécial de l'Ecole, du matériel de la buanderie et de la cuisine, doit s'inspirer des mêmes idées d'économie. Il ne faut pas que les jeunes filles se servent d'autres ustensiles que ceux qui composent ordinairement le ménage d'une famille ouvrière. Comment appliqueraient-elles plus tard les leçons reçues ?

Enfin pour les communes rurales, outre les travaux des jardins potagers, il faut s'occuper aussi, soit comme cours théoriques, soit comme exercices pratiques autant qu'on le pourra, des soins d'une basse-cour et d'animaux domestiques, porc, chèvre, vache, en faisant ressortir ce qu'une femme peut apporter d'aisance autour d'elle en s'en occupant personnellement avec intelligence et esprit de suite.

Nous donnons ci-après le programme d'une *Grande Ecole ménagère agricole* qui s'ajoute au précédent dans la mesure où l'organisation de ces classes ou Ecoles ménagères rurales le permet.

Grande Ecole ménagère agricole

Eléments d'agriculture.

Diverses classes du sol. Assainissement et travail de sol. Les engrais.

Semailles, travaux d'entretien, de récolte pour les différentes plantes cultivées, principalement pour les plantes fourragères et les graminées de prairies.

Eléments de zootechnie.

Race bovine. Notions élémentaires d'anatomie et de physiologie.

Alimentation rationnelle. Préparation des aliments, rationnement.

Logement. Hygiène. Soins en cas de maladie. Vêlage. Traite. Elevage et engraissement des veaux. Engraissement du bétail. Choix de la vache laitière.

Race porcine. Choix. Hygiène. Alimentation. Elevage.

Le mouton et la chèvre dans les petits ménages ruraux.

La basse-cour. Les meilleures races d'oiseaux de basse-cour, le poulailler, la nourriture, la ponte, les œufs, l'incubation naturelle et artificielle, élevage, engraissement.

Les lapins. Hygiène des animaux et médecine vétérinaire domestique.

Laiterie.

Du lait, sa composition, contrôle. Altérations. Conservation du lait. Ecrémage, procédés divers, *au moins la théorie* des méthodes perfectionnées pour le traitement de la crème. Barattage. Délaitage. Malaxage. Conservation, emballage et vente du beurre. Utilisation du lait écrémé.

Principes généraux de la fabrication du fromage. Fabrication des divers fromages.

Installation d'une laiterie et d'une fromagerie. Associations coopératives.

Les livres spéciaux pour l'enseignement des classes et des Ecoles ménagères rendent ces études infiniment plus simples qu'on ne pourrait se le figurer en lisant ce programme. Nous engageons à en faire venir un ou deux pour s'en convaincre. Toutes les notions y sont données d'une façon précise, en quelques lignes, à la portée de toutes les intelligences. Il faut bien discerner aussi que la première partie du programme seule est destinée aux simples classes ménagères. La seconde prépare aux grandes Ecoles ménagères agricoles, qui donnent une éducation professionnelle très complète aux filles de grands cultivateurs, fermiers, propriétaires, aux jeunes filles destinées peut-être un jour à être les femmes de nos

colons français. « Il est désormais avéré que
« notre effort d'expansion dans les nouveaux
« mondes peut avoir une influence décisive,
« non seulement sur les destinées futures de
« notre patrie, mais encore sur l'avenir du
« catholicisme dont les Français sont les pion-
« niers. Nous sommes à l'heure où s'ouvrent
« des voies nouvelles devant leurs pas, devant
« leurs efforts, devant leurs espoirs [1]. »

Il y a, nous l'avons dit, plusieurs genres de
classes et d'écoles ménagères, selon les res
sources dont on dispose et les milieux où l'on
veut les organiser. Nous en donnons des mono-
graphies aux annexes n° 1 et n° 2. Nous
donnons aussi à l'annexe n° 8 les titres des
livres qui traitent ces questions et secondent
les Sœurs dans la préparation de cet enseignement ; car nous ne saurions assez insister sur leur formation spéciale. « Nous
« déconseillons vivement de tenter l'essai d'une
« classe ménagère, si l'on ne dispose pas d'une
« institutrice compétente. Non seulement l'essai
« entrepris avec une institutrice mal préparée
« ne produirait que des mécomptes, mais il
« nuirait à l'œuvre même que l'on veut déve-
« lopper dans le pays. Il est prouvé, en effet,
« que tout échec dans une première applica-
« tion retarde souvent de plusieurs années
« l'adoption d'une mesure utile [2]. »

[1] M. l'abbé Bouist.
[2] Rapport de M. A J. Germain (Belgique).

Le programme du certificat d'études est bien plus difficile et bien moins rationnel que celui même d'une école ménagère agricole. Une Religieuse en possède les premiers éléments, ayant appris au couvent tout naturellement l'ordre, la propreté dans l'entretien du ménage, l'habitude d'une stricte économie pour la cuisine comme pour l'entretien du linge. Elle sait bien travailler. Il lui reste à apprendre à repasser et à *couper*. Celles des Sœurs qu'on mettra à la tête des classes ou écoles rurales nées à la campagne, déjà familiarisées avec ce qui concerne les jardins potagers, les champs, les animaux domestiques, n'auront qu'à se perfectionner par quelques améliorations nouvelles et à apprendre *l'art d'enseigner* de tout cela *méthodiquement*.

Le programme du certificat d'études est aussi beaucoup moins rationnel pour les écoles de villages et même de milieux industriels que ceux que nous venons de donner. La campagne est délaissée, les paysans s'appauvrissent et la désertent, la terre diminue de valeur et est vendue à bas prix ; et cela se passe dans notre France qui réunit *tout* pour arriver à un résultat opposé, climat, sol propre à toutes les cultures, canaux, chemins de fer ! La vie y est de plus en plus chère en ce qui concerne la nourriture même la plus simple.

On se plaint de n'avoir pas d'ouvrage à donner aux femmes et aux filles depuis l'établissement des filatures et l'emploi des machines à coudre. Mgr Turinaz fait à ce sujet les remarques les plus judicieuses et les plus navrantes. D'autre part, on se plaint non moins vivement de n'avoir point de bras pour travailler dans les champs !

Enfin, un point de vue fort grave aussi, c'est la santé des femmes du peuple qui s'affaiblit dans beaucoup de localités, par l'absence d'une vie active, en plein air, et d'une nourriture saine comme celle du village ; cela a lieu surtout dans les milieux industriels.

Il faut donc rattacher les jeunes filles à la culture des champs par une éducation qui y soit mieux appropriée et la rende plus rémunératrice par les développements qu'on y donne ; et cela non seulement dans les campagnes, mais dans les usines confinant aux champs et les petites villes ouvertes. Il serait bon de les y préparer en introduisant dès l'Ecole primaire l'enseignement agricole, comme on le fait déjà dans certains départements de la France. L'Association bretonne a préparé pour les filles un manuel en 30 leçons sur lequel elles sont interrogées, depuis l'année 1895. Dans l'Anjou, on se dispute le diplôme de ménagère agricole, et le Sud-Est a publié aussi son programme.

Mais « il ne faut pas songer à transformer, « dit M. Rombaud [1], nos écoles primaires de

---

[1] Manuel agricole de M. de la Batie, page 172.

« filles en écoles ménagères, l'enseignement
« domestique qu'on reçoit dans les premières
« ne visant qu'à rendre celles qui en sont l'objet
« plus aptes à profiter, devenues jeunes filles,
« d'un enseignement supérieur seul vraiment
« pratique, le seul dès lors sur lequel on puisse
« compter pour améliorer la situation morale
« et matérielle de la famille agricole, l'ensei-
« gnement qu'on trouverait dans les classes et
« les écoles ménagères, s'il en existait partout. »

Le certificat d'enseignement ménager ou le
diplôme (annexe n° 6) remplacerait avanta-
geusement, surtout dans les populations agricoles, le certificat d'études qui charge l'esprit
de ces enfants du village d'une foule de
notions fort incomplètes du reste, sur des
choses inutiles pour elles, au lieu de leur
apprendre d'une façon précise et bien nette la
théorie et la pratique de toutes les occupations,
de tous les devoirs qui doivent remplir leur
vie. Cherchons à rattacher le plus possible nos
populations à la vie de la campagne. N'est-ce
pas dans les champs que nous avons cueilli
nos plus belles fleurs françaises depuis sainte
Geneviève jusqu'à Jeanne d'Arc !

« Un des plus grands soucis des personnes
« qui s'occupent de l'école ménagère, est
« certainement le recrutement des élèves et
« surtout les moyens d'assurer la fréquenta-
« tion régulière des cours, sans laquelle il est
« impossible d'arriver à de bons résultats.

« Malheureusement, rien généralement n'est
« aussi difficile à obtenir. Les parents ont
« souvent une indifférence marquée pour
« l'instruction et l'avenir de leurs enfants.
« Ils disent qu'ils n'ont pas fréquenté si long-
« temps l'école et qu'ils s'en tirent bien. —
« Dans beaucoup de familles, l'autorité pater-
« nelle est méconnue, l'enfant est le maître de
« faire ce qu'il veut. Enfin un des faits les plus
« curieux à constater, c'est que les oppositions
« à ces écoles ménagères provenaient surtout
« des mères de famille. Elles paraissaient
« jalouses des connaissances qu'on voulait
« inculquer à leurs enfants ; elles ne pouvaient
« pas croire que l'école fût capable d'enseigner
« aux jeunes filles mieux et plus que ce qu'elles
« savaient elles-mêmes. »

Ces considérations sont prises dans la bro-
chure de M. Rombaud déjà citée. Mais le
développement et le succès des écoles ménagères en Belgique, depuis 1896 qu'elle est
publiée, sont le meilleur encouragement qu'on
puisse donner pour lutter peu à peu contre ces
difficultés.

IV

Il faudrait commencer par introduire cet enseignement méthodique, d'abord dans les orphelinats et les internats de jeunes pensionnaires. Le caractère spécial des écoles ménagères est de faire passer successivement toutes les élèves tour à tour, par toutes les branches d'enseignement avec les nouveaux perfectionnements, par des leçons de théorie très précises qu'elles doivent inscrire chaque jour sur des *cahiers* qu'elles conserveront ; puis par la pratique parfaite de ces mêmes branches. Il faut former d'abord la future mère de famille aussi complète que possible, et ensuite la vraie paysanne, dans tous les internats qui s'y prêtent par leur situation. Plusieurs Sœurs dans ces pensionnats, peuvent être chargées de l'enseignement d'une branche spéciale, et y être ainsi beaucoup plus expertes, en même temps que leur rôle sera plus simple. Nous ne pouvons assez répéter qu'au lieu d'engourdir les jeunes fillles à apprendre seulement à coudre pendant deux ou trois ans, comme on l'a fait jusqu'ici, il est préférable de leur faire exécuter tout le programme déjà cité, soigner elles-mêmes les animaux domestiques, cultiver le jardin, et tailler les arbres avec un jardinier, faire le beurre, les fromages divers, etc., avec les méthodes nouvelles. Ainsi on stimulera leur besoin d'activité, ce qui est bon au *point de vue physique* comme au *point de vue moral*, chez les jeunes filles. Qu'elles se rendent compte de tout et l'écrivent ; qu'elles comprennent l'économie intelligente ; qu'elles aient l'amour de l'ordre, *l'entente raisonnée* de toutes choses. On usera beaucoup de la méthode interrogative qui a l'avantage de tenir l'intelligence de l'enfant en éveil et de l'exciter à l'effort personnel, tout en la guidant. Il faut développer son jugement, une sorte de personnalité bien comprise, « éviter tout ce qui « pourrait effacer les linéaments primitifs de « son individualité, songeant que chacun de « nous est une pensée de Dieu[1]. » Il faut lui dire que ce que Dieu demande d'elle, c'est, comme le dit le Père de Pontlevoy, un cœur dilaté et ses deux mains occupées.

Nous avons donné au chapitre III le programme de l'enseignement des écoles ménagères rurales. On pourra l'appliquer aux internats, dans la mesure où leur situation dans la campagne ou aux abords d'une ville le permettra. Nous donnons, à l'annexe n° 2, le programme de Virton et l'horaire du règlement

[1] Mᵐᵉ Swetchine.

général par semaine. C'est une grande école
agricole, dirigée par les Religieuses françaises
de la Doctrine chrétienne de Nancy, qui donna
naissance en 1894, à la laiterie coopérative de
Saint-Joseph, la première du Luxembourg
Belge qui compte aujourd'hui environ
2000 sociétaires et fabrique par jour 1000 kilogs
de beurre. Cette Ecole a produit par ses initia-
tives, pour les plus modestes ménages ruraux,
une véritable et fructueuse évolution dans
l'économie domestique ; grâce à la Société
centrale d'agriculture belge qui en a provoqué
la création.

D'autres écoles sont plus simplement organisées; elles n'ont qu'une ou deux vaches,
porcs, volailles, jardin potager, pour habituer
leurs élèves à les soigner. Nul doute que si cet
enseignement était sérieusement appliqué, des
cultivateurs seconderaient les Sœurs pour
l'achat des bestiaux, leur nourriture, la vente
des produits afin de leur faciliter ces tran-
sactions difficiles à traiter pour elles. Les
agriculteurs, les grands propriétaires, donneraient dans leur propre intérêt, des subsides
pour l'organisation de ces écoles, afin de
guérir une véritable plaie de notre pays, le
dépeuplement des campagnes; leurs fermiers
ne peuvent plus trouver de fermières.

Il y a lieu de se rendre compte qu'en France,
la difficulté la plus grande est la question d'ar-
gent pour nos Congrégations religieuses. Il faut

soutenir les écoles libres à force de sacrifices, et la charge s'alourdit de plus en plus, puisqu'on laïcise tous les jours. Les écoles ménagères exigent beaucoup de frais dont le gouvernement se charge pour la plus grande partie, dans les pays voisins. Mais on doit chercher à les réduire dans une certaine mesure ; puis la charité est si ingénieuse et si prodigue en France, que nous pouvons tout espérer.

Les pensionnats internes et les orphelinats ne recueillent qu'un nombre très limité de jeunes filles. Pour étendre cet enseignement et le vulgariser, une classe ménagère externe peut succéder aux classes primaires des villages. Nous donnons le règlement de celle d'Hosingen [1], tenue par une sœur de la Doctrine chrétienne de Nancy, et qui réunit 20 enfants (annexe I).

Il y a beaucoup de pauvres villages où il n'y a pas de Sœurs, mais une école mixte dirigée par un instituteur, ou une école laïque de filles. — Créer une école primaire dans toutes les conditions exigées est une chose difficile à réaliser et très chère. Ne pourrait-on louer tout simplement une maison du village, en tirer parti pour une installation bien primitive comme à Tourcoing, et y installer deux Sœurs, une pour l'école ménagère et une pour les malades qui aiderait la première à certaines heures. —

[1] Dans le Luxembourg.

Serait-ce bien difficile d'avoir une bonne vache
bien choisie, un poulailler, un jardin potager
qui aideraient à la nourriture et à l'entretien
des Sœurs, en chargeant un marchand de
vendre le surplus des produits pour le compléter. Ceci n'a pas encore été réalisé, mais en
France où l'on n'a pas les subsides du gouvernement, n'y a-t-il pas lieu de s'ingénier pour les
remplacer. Peut-être même pourra-t-on ne tenir
l'école ménagère que pendant le semestre d'hiver,
qu'on prolongerait plusieurs années, laissant
l'été les petites paysannes aux travaux des
champs et reprendre une garderie de petits
enfants pendant le semestre d'été ? Bien des
femmes donneraient quelques subsides pour
cette organisation.

Il est bon d'ajouter, et ceci est d'un intérêt
de premier ordre pour la question que nous
traitons, qu'il est utile dans toutes les petites
villes et tous les centres industriels confinant
aux champs, de donner aux jeunes filles le
même enseignement et autant que possible les
mêmes habitudes qu'au village, puisqu'on ne
trouve plus assez de travail pour elles, en fait
de couture, depuis l'emploi des machines à
coudre. — On entre dans la voie excellente
des jardins ouvriers, avantage précieux au
point de vue économique. C'est aux femmes et
aux jeunes filles à les cultiver, et non à l'homme
à qui il faut laisser les heures de repos de la
semaine et le dimanche. Que ce jour-là le jar-

din devienne, après les offices, le lieu de réunion de la famille !

Les ressources que procurent ces jardins seraient beaucoup plus grandes, si on les éloignait un peu des centres industriels pour les agrandir, ou mieux encore si l'on rendait possible la location d'autres terrains, qui permettraient de nourrir des poules, un porc, une chèvre. Les femmes cultivant les terrains, pourraient ainsi accroître leur aisance, tout en prenant des habitudes actives et saines, comme en avaient nos paysannes d'autrefois. Les chefs d'industrie, en préparant cette organisation, rendront un immense service à leur population ouvrière et se l'attacheront. C'est à eux de fonder des classes ménagères intelligemment comprises, et ils le feront quand ils verront à l'œuvre des Sœurs institutrices bien préparées à cet enseignement spécial.

V

ÉCOLES MÉNAGÈRES DANS LES CENTRES INDUS-TRIELS OÙ LES JEUNES FILLES TRAVAILLENT ELLES-MÊMES A L'USINE

Il faut nécessairement une organisation spéciale à chaque usine pour y établir une école ménagère, selon les heures dont peuvent disposer les jeunes ouvrières qui y travaillent. Une Etude très approfondie sur ce sujet est donnée dans le numéro d'octobre 1898 des *Conférences des études sociales* de M. Dorne du Haut-Mont [1].

Les industriels qui voudraient donner à leurs ouvrières une classe ménagère, trouveront dans cette Etude des renseignements très détaillés sur leur fonctionnement. A Roubaix, Tourcoing, Armentières, Lille, des comités de Dames s'occupent avec zèle de l'organisation de ces diverses écoles. On voudrait qu'une Ecole ménagère fut annexée à chaque Ecole

[1] Imprimerie Victor Ducoulombier, 7, rue de l'Hôpital-Militaire, à Lille. Prix : 0 fr. 50.

primaire de filles, et que les élèves ayant terminé leur temps de scolarité, pussent y passer une année avant d'aller travailler en fabrique ou de rentrer chez elles. (Annexe n° 3.)

L'enseignement ménager serait donc le vrai complément de l'instruction primaire : une seule année suffirait, pourvu que, dans les classes primaires, on apprît aux enfants à tricoter, à coudre et à repriser, comme on le fait pour le certificat d'études, ce qui allégerait d'autant le programme de l'Ecole ménagère. Il faudrait alors remplacer une partie des leçons par des exercices pratiques beaucoup plus utiles.

Presque partout on a établi des cours spéciaux, le soir, pour les jeunes filles, qui travaillant dans les ateliers à leur sortie de l'Ecole primaire, ne peuvent fréquenter l'Ecole ménagère dans la journée. Ces cours se font de sept à neuf heures ; mais à Roubaix et à Tourcoing tout au moins, ils n'ont lieu que trois fois la semaine et en général pour des jeunes filles âgées de plus de 13 ans. Mais ces cours ont presque partout de graves inconvénients, par suite de la difficulté d'une surveillance suffisante. Un industriel dévoué a imaginé un moyen de les supprimer, en prenant une ouvrière de plus par atelier, et à tour de rôle, il envoie chaque ouvrière passer une journée à l'Ecole ménagère. Il s'en trouve fort bien : les difficultés du recrutement et de l'assiduité sont résolues, et ces jeunes filles se retrouvant sous l'aile des Sœurs, suivent différents exercices de piété, et gagnent sous le rapport moral et religieux, en même temps qu'elles s'instruisent de tout ce qui concerne le ménage.

VI

ÉCOLES ET CLASSES MÉNAGÈRES
DES GRANDES VILLES

Avant de donner quelques renseignements sur les Écoles et les classes ménagères des grandes villes, il serait peut-être utile de parler des Écoles primaires. Le certificat d'études, à la campagne, détourne les filles de l'existence normale qui leur est destinée; il ne peut être éludé dans les villes, où il est souvent nécessaire à l'avenir de certaines jeunes filles et aussi à l'émulation de la classe. Qu'il soit le *desideratum* de l'éducation populaire, non, sans doute; mais tant qu'il existe dans les conditions actuelles, il faut l'admettre, sauf à ə compléter par quelques notions d'économie domestique, données par des lectures bien appropriées au genre de vie des enfants auxquelles on s'adresse, et qui seraient une préparation à l'École ménagère, des dictées, des exercices théoriques qui contrebalanceraient ce qui manque au certificat d'études. Il est du

reste moins difficile à enseigner aux jeunes
filles des villes qu'à celles des écoles rurales,
qui ont en général l'intelligence moins ouverte
sur ce genre d'études que les premières.

Il serait désirable que toutes les jeunes filles,
à 13 ans, fussent capables de faire cette pièce
de toile, renfermant tous les genres de coutures
et de raccommodages qu'on demande du reste
pour le certificat, et ceci dans les écoles rurales
comme dans toutes celles des villes. On pourrait alors commencer les leçons de coupe et de
confection dès le début de l'Ecole ménagère.
Nous insistons sur ce point.

A Paris, les ateliers professionnels catho-
liques pour modes, robes et fleurs, existent et
sont parfaitement organisés, mais non pas en
province. L'Ecole ménagère doit d'abord préparer les jeunes filles à être de bonnes femmes
de ménage un jour, mais aussi à gagner leur
vie, et même après leur mariage, à utiliser leur
savoir faire dans les conditions où elles peuvent
se trouver, pour aider au salaire de leur mari.
Elles n'ont pas les précieuses ressources que
donnent les champs aux femmes de la campagne, quand celles-ci savent en profiter. Il
faut donc que les jeunes filles de la ville
sachent très bien travailler, très bien couper,
repasser, et connaissent les premiers éléments
d'une saine cuisine qu'elles pourront vite perfectionner, afin qu'elles puissent soit entrer en
service dans quelque bonne maison, soit exé-

cuter les travaux de fine couture qu'on trouve à la ville, soit former quelque jour un bon atelier de confections, où règne un esprit chrétien.

Une des difficultés réelles des Ecoles ménagères de la ville, c'est de se procurer des travaux de couture plus fins, plus perfectionnés que ceux que les élèves des Ecoles ménagères des champs ou des centres ouvriers apportent de chez elles, et aussi plus rémunérateurs pour aider à leur fonctionnement. C'est aux Dames charitables à s'entendre' entr'elles pour leur en procurer. Elles leur fourniront des modèles pour exécuter les travaux de leur propre maison, pour ceux des magasins de la ville qui vendent des objets tout faits. Elles réagiront ainsi contre le monopole des grands magasins de Paris.

« Il faut, dit M. Rombaud [1], intéresser au « succès de l'œuvre partout où l'on voudra « l'établir, certaines personnes, qui, par leur « influence, exercent une action directe sur les « parents qui ont des jeunes filles en âge « d'aller aux Ecoles ménagères. Ces personnes « peuvent constituer un comité local ou de « quartier. Mais il doit être choisi minutieuse-« ment ; il ne doit pas être trop nombreux, de « façon que chacune des personnes qui le

---

[1] Inspecteur général des Ecoles techniques en Belgique.

« composent ait une part de responsabilité.
« De cette façon, elles prendront leur tâche à
« cœur, et s'inspireront du devoir social qui
« leur incombe. » (Annexe n° 4.)

Les maisons d'éducation de la haute classe
pourraient donner le linge de leurs élèves à
coudre et à blanchir à l'Ecole ménagère. *Quel
profit assuré* pour cette dernière dans les lieux
où cela se fait ainsi ! Le pensionnat des enfants
dans l'aisance entretient par là celui des
pauvres. Et si une Ecole ou une classe
ménagère externe était adjointe à chacun de
nos pensionnats de jeunes filles comme à
Epernay, dans un local spécial, quel double
bien moral il en résulterait indépendamment de
la question économique! Ces enfants riches, à
qui tout sourit dans la vie, se rendraient
compte des difficultés de l'existence auxquelles
il faut préparer les pauvres petites filles. Elles
s'intéresseraient à elles et les suivraient plus
tard pour les aider, les soutenir dans toutes
leurs peines, et apprendraient là que ce qu'on
fait au moindre petit enfant, est fait à Notre-
Seigneur Jésus Lui-même. Les enfants pauvres
se sentiraient un appui, un conseil qui les
guide dans les difficutés et les écueils dont est
semée leur existence.

Il faut avoir vécu au milieu des ouvriers, des
pauvres, pour comprendre à quel point ils sont
heureux et reconnaissants quand ils sentent un

intérêt vrai, qui les suit, un cœur qui veille
sur eux.

Sans doute, il y a parfois des ingrats, mais
c'est l'exception, et on est tout étonné de sentir
vibrer cette corde d'un attachement réel, souvent
après de longues années, au fond de ces âmes
qu'on a su consoler, aider et aimer. (Annexe
n° 5.)

Enfin, ne serait-il pas bon aussi d'introduire cet enseignement ménager, sous certaines formes et dans une certaine mesure,
dans l'éducation des jeunes filles de la classe
aisée, même en ce qui concerne comme surveillance, la vie de la campagne, où elles trou-
veraient plus d'intérêt et d'attraits. Qu'elles
apprennent à s'occuper utilement et adroite-
ment, à régler leurs dépenses sur leurs reve-
nus, et comme nos mères d'autrefois, à savoir
économiser dans les conditions les plus simples,
tout en gardant une véritable supériorité intel-
lectuelle et morale, cette grâce d'esprit et de
cœur, la note caractéristique de la femme
française.

Mgr Gouthe-Soulard demande, au nom du
Saint-Père, de former de bonnes gouvernantes
de maison, sachant mettre habilement la main
à tous les détails de la vie domestique. Comme
la femme forte de l'Ecriture, que toutes nos
chrétiennes riches ou pauvres, sachent se lever
avant le jour, filer le lin et la laine, distribuer la
nourriture à tous ceux qui habitent la maison,

leur préparer des vêtements chauds pour l'hiver, avoir toujours la main ouverte pour le pauvre, et sourire jusqu'à leur dernier jour. Leur époux fera leur éloge, et leurs enfants les proclameront bienheureuses.

DOCUMENTS

ANNEXES

ANNEXE N° 1

L'Ecole externe d'Hosingen possède une classe ménagère externe, dirigée par une seule Sœur. Aussi les
sciences du ménage ne sont-elles communiquées aux
élèves que sous forme de conférences et d'entretiens
familiers, comme le programme l'indique. « Quant à la
« pratique, les jeunes filles doivent l'acquérir dans leurs
« propres familles, à l'exception toutefois du nettoyage
« des chambres qu'elles font à tour de rôle, du repas-
« sage et des travaux manuels : tricot, couture, raccom-
« modage, utilisation des vieux vêtements, *coupe* et
« confection des chemises en tous genres, du linge de lit
« et de table, des vêtements de femmes, d'enfants et de
« garçonnets, travaux dont l'enseignement est à la fois
« théorique et pratique. Le cours est d'une année. Ce-
« pendant il est dans l'intérêt des élèves qu'elles fré-
« quentent la classe un an et demi et même deux années,
« afin que la deuxième année, elles puissent faire une
« sorte de récapitulation. Il arrive que bien des parents
« ne peuvent pas, pendant l'été, se passer de leurs
« jeunes filles de 14, 18, 20 ans, à cause des travaux des
« champs; ces jeunes filles prennent alors le parti de
« faire deux semestres d'hiver, ce qui leur fait une
« année. Il faut, pour ce qui regarde ces écoles d'adultes,
« tenir compte des circonstances locales. Aussi quand

« les absences sont occasionnées par l'exécution à domi-
« cile d'un travail de ménage, soit lessive, travaux
« urgents au jardin, etc., elles n'ont aucune suite quand
« les élèves ont la politesse d'en demander la permission
« ou de les justifier à leur retour. On veut laisser aux
« élèves le loisir d'apprendre chez elles ce que la classe
« ne peut leur apprendre pratiquement. — En fait de
« travaux manuels, les élèves en fournissent les matières
« et travaillent pour elles. »

Les rétributions scolaires s'élèvent pour les enfants
de la commune de Hosingen à 10 francs par semestre ;
pour les élèves étrangères, à 15 francs pour le semestre
d'hiver et 10 francs pour celui d'été; la commune d'Hosingen qui perçoit les rétributions scolaires complète le
traitement de la Sœur. En France, il faudrait trouver
une âme charitable à défaut de la commune. Si l'établissement avait une Sœur pour les malades, elle pourrait,
sauf en certaines circonstances, surveiller pendant
quelques heures le travail à l'aiguille des élèves, tandis
que la Sœur donnerait l'enseignement pratique de la
cuisine, du jardin potager, de la laiterie, du soin des
animaux domestiques à six ou huit enfants, à tour de
rôle par semaine. C'est le nombre que l'on prend pour
ce genre d'enseignement.

Le local d'une classe de ce genre est très simple : deux
pièces, où tout est organisé avec la plus grande économie,
pour inspirer aux enfants ce qui convient le mieux à
leur position, suffisent au besoin.

PROGRAMME

De la Classe Ménagère d'Hosingen dans le Luxembourg

A. Enseignement théorique

I

INSTRUCTION RELIGIEUSE

Cette Instruction est donnée deux heures par semaine par M. le curé.

II

LEÇONS DE POLITESSE ET DE SAVOIR-VIVRE

1 heure par semaine

III

SCIENCES DU MÉNAGE

8 heures par semaine

Soins de propreté et entretien de la maison, du mobilier et des vêtements, — économie domestique, — cuisine, — conserves de fruits et de légumes, — lessivage du linge, — soins de la laiterie, de la basse-cour, — élevage et alimentation rationnelle du bétail.

Leçons d'hygiène sur l'air, l'eau, le chauffage, la nourriture, la demeure. — Règles de prévoyance contre les maladies. Premiers secours à donner en cas d'accidents.

JARDINAGE

Considération générale sur la vie des plantes ; culture
du jardin, des légumes, des arbres fruitiers.

IV

COMPTABILITÉ

4 heures par semaine

Cours d'arithmétique, de comptabilité du ménage. —
Exercices de style et de correspondances usuelles pour
les affaires courantes.

V

B. Enseignement théorique et pratique

12 heures par semaine

Travaux à l'aiguille, tricot, couture, raccommodages,
coupe et confection du linge et des vêtements de femmes,
d'enfants et de garçonnets.

VI

REPASSAGE

4 heures par semaine

Les cours durent de 8 heures du matin à 11 heures et
de 1 heure de l'après-midi à 4 heures. Le jeudi est libre
(ou le samedi, selon les localités).

ANNEXE N° 2

Ecole Ménagère agricole régionale de Virton

(Luxembourg Belge)

Le Collège Saint-Joseph de Virton annexa, en 1888, à son établissement, une Ecole pratique d'agriculture pour les jeunes gens.

Il compléta son enseignement agricole en étendant son action bienfaisante à l'Ecole professionnelle des filles de cultivateurs de Virton, dirigée par les Religieuses de la Doctrine chrétienne de Nancy. Il y apporta le concours de ses professeurs spéciaux, chargés des cours agricoles et scientifiques, afin d'initier les futures fermières à l'intelligente direction des branches de l'économie rurale qui sont de leur ressort, et de leur permettre de profiter des découvertes nouvelles de la science pour augmenter la valeur économique de leur travail.

Faute de cette éducation professionnelle bien comprise, bien des filles de cultivateurs prennent en dégoût la profession paternelle, fixent leur sort dans une situation moins laborieuse, et les jeunes fermiers trouvent de moins en moins des jeunes filles acceptant leur genre d'existence.

Pour être admises à cette Ecole, les jeunes filles doivent être âgées de 15 à 16 ans. La durée des études est de un à deux ans, suivant les aptitudes des élèves et leur degré d'instruction. Le prix de la pension est de

400 francs pour les internes et de 90 francs pour les externes.

Les élèves font, à Noël et à Pâques, une récapitulation des sujets enseignés pendant le trimestre, puis une composition écrite, et subissent un examen oral après lesquels elles reçoivent un bulletin détaillé, qui est envoyé aux parents. Les notes journalières des exercices pratiques, au point de vue de l'habileté et de l'exactitude, y sont aussi consignées. A la fin de l'année, ces bulletins des compositions et des examens généraux sont couronnés, quand ils le méritent, par un diplôme.

La Supérieure donne chaque jour une instruction religieuse de trois quarts d'heure pendant le travail manuel. Elle est aidée de sept religieuses, pour la théorie et la pratique de l'enseignement ménager.

Voici le programme de l'enseignement, l'horaire du règlement général par semaine et le rapport présenté par cette Ecole à l'Exposition d'Anvers en 1894.

Programme de l'enseignement de Virton

Nos d'ordre	COURS	Nombre d'heures PAR SEMAINE THÉORIE	THÉORIE	PRATIQUE
			POINTS	
1	Religion et morale	1	20	»
2	Arithmétique et rédaction . . .	2	30	»
3	Les aliments et leur préparation.	1	20	35
4	Ameublement et tenue de la maison ; chauffage, éclairage, etc. .	1	20	35
5	Les vêtements et leur entretien ; lavage, repassage du linge, travaux à l'aiguille	1	20	30
6	Éléments d'histoire naturelle . .	1	20	»
7	Notions sur le climat, les engrais ; culture pastorale	1	20	45
8	Culture maraîchaire. Arboriculture. Floriculture.	1	20	
9	Les éléments de zootechnie, hygiène, soins à donner aux veaux, porcs, etc. La basse-cour ; l'apiculture	2	30	45
10	Laiterie	2	30	45
11	Éléments de pédagogie : principes du développement corporel et intellectuel des enfants. . . .	1/2	20	»
12	L'hygiène de l'homme ; soins à donner aux malades.	1/2	20	30
13	Comptabilité	1	30	35
	Travaux de l'année. .	15	300	300
	Examens. . .	»	300	300
			600	600

Horaire du règlement général de Virton

PAR SEMAINE

AVANT MIDI

Jours ordinaires	Jours fixés pour les exercices pratiques et les promenades	Dimanches et Jours de fête
5 h. 3/4 Lever, toilette. 6 h. 1/4 Prière, lecture méditée. 6 h. 1/2 Sainte Messe. Etude. 7 h. 1/2 Déjeûner. 7 h. 3/4 Propreté et entretien des dortoirs, salles, foyers, lampes, etc. 8-10 Travaux pratiques. 10-12 Etude pratique de la cuisine-classe. 12 h. Diner, lecture (imitation de J.-C.).	(*) Visite du marché de Virton. Exercices pratiques : 1° à la boulangerie : 2° à la buanderie : 3° à l'étable et à la cave à lait : 4° à la basse-cour : 5° au jardin potager : 6° à la boucherie pour découper les viandes. N. B. — *Les élèves, par groupes, attachées à un même exercice, permutent chaque semaine.*	6 h. Lever, toilette. Propreté des dortoirs. 6 h. 1/2 Prière et messe de communion. 7 h. 1/2 Déjeuner. 8 h. Cours de religion. 8 h. Etude, correspondance. 10 h. Grand'messe à l'église paroissiale. 11 h. 1/2 Etude. 12 h. Diner.

APRÈS MIDI

12 h. 1/2 Récréation. promenade au jardin.
1 h. 1/2 Classe.
2 h. 3/4 Récréation.
3 h. Classe.
4 h. Goûter, récréation.
4 h. 1/2 Ouvrage manuel.
6 h. Comptabilité : du ménage. de la laiterie, de la ferme.
6 h. 3/4 Chapelet, prière.
7 h. Souper.
7 h. 1/2 Récréation, discussion des travaux exécutés et de ceux du lendemain, recette de la cuisine, notations diverses dans l'agenda.
8 h. 1/2 Etude libre. coucher.

Les mercredi et dimanche :

Promenade

En hiver, de 2 à 4 heures.
En été, de 5 à 7 heures.

Excursions utiles

Visites des fermes. botanique. entomologie.

12 h. 1/2 Récréation, chant.
2 h. Vêpres à la paroisse.
3 h. Promenade.
4 h. Goûter, récréation.
5 h. Etude.
7 h. Salut du Saint-Sacrement.
7 h. 1/2 Souper.
8 h. Récréation, chant.
8 h. 1/2 Coucher.

N. B. — En été, le coucher est fixé à 9 heures. — Récréation dans les jardins, soins des légumes et des fruits.

(*) Les vendredis, les élèves, à tour de rôle et par groupes, assistent au marché de Virton, et se rendent compte du commerce qui s'y fait.

*Rapport sur l'exposition de l'Ecole ménagère agricole
de Virton, à Anvers, 1894*

L'école de Virton, la première de l'espéce dont fut dotée
la Belgique, date du 22 mai 1891.

L'exposition comprend l'enseignement théorique et
pratique, travaux des élèves.

L'école s'est attachée à faire ressortir dans son exposition l'utilité pratique de son enseignement.

I. — Tableaux (guide de la ménagère pour le choix
des viandes de boucherie).

II. — Menus pour dîners :
    A) de réceptions intimes et dépenses par personne ;
    B) de familles bourgeoises   —   —
    C) d'ouvriers   —   —
Menus de dîners et dépenses variant suivant les ressources des différentes saisons de l'année.

III. — Conserves alimentaires préparées par les élèves :
    A) de viande fumée ;
    B) de fruits ;
    C) de légumes.
Liqueurs hygiéniques. Utilisation des fruits et des
plantes recueillis par la ménagère à l'usage de sa famille.

IV. — Produits de la laiterie, spécimen :
    A) beurre crème obtenu par le procédé centrifuge ;
    B) fromages divers du meilleur rapport :
        1. Brie ; 2. Port-du-Salut ; 3. Camembert ;
        4. Munster.

V. — Guide de la fermière dans l'élevage de la volaille.

Tableau. — Aviculture moderne ;
Couvoir artificiel ;
Caisses, emballage des œufs.

HYGIÈNE

VI. — Soins à donner aux hommes et aux animaux :
    A) Pharmacie domestique à l'usage du ménage
        (pharmacie humaine) ;
        Pharmacie domestique à l'usage de la ferme
        (pharmacie vétérinaire) ;
        Plantes médicinales, thés, d'un usage familier,
        recueillis par la ménagère ;
        Produits pharmaceutiques dont l'emploi, en cas
        ordinaires, est indiqué :
          a) par le médecin de l'établissement ;
          b) par le vétérinaire.
    B) Substances utiles dans les ménages ;
          a) pour la propreté et l'entretien du mobilier ;
          b) pour la propreté et l'entretien des vêtements.

COURS AUTOGRAPHIÉS DE M. L'INGÉNIEUR MERCIER

VII. — Enseignement technique approprié à la fille du cultivateur :
    1. Leçons élémentaires d'horticulture et pratique du
       jardinage ;
    2. Notions d'agriculture ;
    3. Cours de laiterie ;
    4. Eléments de zootechnie ; hygiène et alimentation
       du bétail ; soins de la basse-cour ;

5. Leçons d'économie domestique. — Eléments de
   pédagogie, principe du développement corporel et intellectuel chez les enfants ;
6. Cahiers de correspondances usuelles.

VIII. — Comptabilité :

A) Du ménage :
    1. Inventaire des meubles, literie, lingerie ;
    2. Inventaire des ustensiles de cuisine ;
    3. Inventaire de la cave ;
    4. Provisions de ménage ;
    5. Produits de la laiterie ;
    6. Basse-cour ;
    7. Livre de caisse de la fermière ; dépenses ;
       recettes.

B) De la ferme :
    1. Inventaire du mobilier de culture :
        a) Instruments aratoires ;
        b) Outils de main-d'œuvre ;
        c) Mobilier des magasins, batteuse, trieur,
           sacs, etc. ;
        d) Mobilier de l'écurie, harnais, seaux,
           fourches, etc. ;
        e) Mobilier de la vacherie et de la laiterie ;
        f) Mobilier de la porcherie ;
        g) Mobilier de la bergerie ;
        h) Mobilier du poulailler ;
        i) Chevaux, nombre, âge, estimation, prix
           d'achat ;
        j) Bétail de vente :
            1. Bœufs, nombre, âge, estimation ;
            2. Vaches laitières ;
            3. Génisses ;

4. Veaux ;
5. Moutons ;
6. Porcs ;
7. Volailles.

2. Denrées de vente en magasin ;
3. Denrées destinées à la consommation du personnel ;
4. Espèces en caisse ; débiteurs divers ;
5. Salaires des domestiques et ouvriers ;
6. Contribution et fermage. Assurances ;
7. Livre de caisse du fermier ;
8. Bilan.

IX. — Travaux à l'aiguille :

A) Coupe et confection :

Blouse de cultivateur. — Gilet de santé pour homme. — Costume pour garçon du 1er âge. — Robe de dame. — Chemises pour homme, pour femme, pour enfant. — Taies d'oreillers festonnées et brodées. — Petits bonnets. — Bonnets de nuit pour femme. — Tabliers pour fillette. — Robe crochetée pour enfant du 1er âge. — Chemise fine pour 1re communion. — Camisole de femme. — Pantalon pour dame et pour enfant. — Cache-corset. — Jupon blanc. — Bavettes.

B) Marquettes comprenant les différentes sortes de points, coutures, reprises ouvrées suivant différents desseins ;

C) Raccommodage :

1. Pièce en couture rabattue ;
2. Pièce à la reprise ;
3. Pièce en surjet ;

4. Reprise dans le nappage ;
5. Rapiécetage divers, pantalon d'homme ;
6. Talon remis en tricot ;
7. Garniture de bas à l'aiguille ;
8. Garniture de bas en étoffe ;
9. Remmaillage.

ANNEXE N° 3

Ecole d'Ecaussines d'Enghien

L'école ménagère occupe quatre pièces : Salle de couture, cuisine, chambre de repassage, buanderie. 86 jeunes filles de 14 à 18 ans ont fréquenté cette école pendant l'année scolaire 1897-1898.

Elles sont, pour la plupart, filles de carriers qui gagnent de fortes journées ; aussi n'ont-elles-pas besoin d'aller en fabrique.

Les élèves sont divisées en deux sections, et passent deux jours par semaine à l'école : les unes le lundi et le jeudi, les autres le mardi et le vendredi. Les cours ont lieu, le matin, de 8 heures à midi, et, le soir, de 1 heure à 4 heures. Une heure est consacrée à la théorie, le reste aux travaux pratiques.

Trois groupes, de six élèves chacun, sont simultanément occupés à la cuisine, au repassage et au lessivage. Chaque groupe passe d'abord une semaine à la cuisine ; la semaine suivante au lessivage, enfin la troisième semaine au repassage.

Ces différents travaux n'ont guère lieu que pendant la matinée ; le soir est consacré à la couture. C'est à la couture aussi que sont occupées, matin et soir, toutes les élèves qui ne font pas partie des trois groupes dont je viens de parler.

Deux religieuses sont officiellement attachées à l'école ménagère en qualité de maîtresses. Quelquefois elles sont aidées par quelques autres sœurs de la maison.

« Les débuts ont été pénibles, nous dit la supérieure
« (nous entendrons, ailleurs encore, la même constata-
« tion), les parents comprenaient mal l'utilité de ce
« nouvel enseignement. Maintenant tous se félicitent des
« résultats obtenus ; leur intérieur est mieux tenu, et il
« n'est pas rare que, lorsque nos anciennes élèves se
« marient, elles nous invitent à visiter leur nouvelle
« installation, pour nous montrer qu'elles ont bien profité
« de nos leçons. »

Notre visite commença par la buanderie.

La maîtresse fit subir aux jeunes filles un petit examen
auquel les deux anciennes répondent d'une manière très
satisfaisante : « Comment doit-on prendre en main le linge
« pour le laver? Dans quel sens doit-on le frotter ? Pour-
« quoi fait-on tremper le linge, la veille, dans de l'eau de
« pluie ?

« Cette dernière question amène des explications
« scientifiques à la portée de ce genre d'élèves, sur les
« substances minérales que renferme l'eau de source, à la
« différence de l'eau de pluie, les inconvénients qui
« résultent de la présence de ces substances dans l'eau
« où l'on fait tremper le linge ; puis sur l'emploi du sel
« d'oseille, du soufre, de l'oléine, du bois de Panama et
« des autres substances communément employées pour
« le nettoyage du linge et des vêtements.

« C'est ainsi que s'ouvrit une série d'interrogations
« qui devaient se poursuivre pendant tout le cours de la
« journée et étaient pour moi une vraie révélation.

« Plus d'une fois, en effet, je m'étais demandé ce que
« l'on pouvait bien dire pendant une heure de théorie
« chaque jour dans une école ménagère. Les interroga-
« tions de la maîtresse répondaient à ma question : *On*
« *donne aux jeunes filles la raison de tout ce qu'on*
« *leur fait faire.* De là un enseignement très varié, très

« intéressant, mais qui nécessite, de la part des maî-
« tresses, une formation spéciale. Aussi, pour enseigner
« dans les 2 ou 300 écoles ménagères officielles de la
« Belgique, est-il nécessaire de justifier de l'instruction
« technique et de se munir d'un diplôme.

« A la cuisine, le menu du repas était inscrit sur un
« tableau noir de la manière suivante [1] :

Repas du 17 octobre 1898 (pour les six élèves qui l'ont
préparé.) — Potage aux herbes. — Pommes de terre à
l'eau. — Carottes étuvées. — Fricadelles.

Durée de la CUISSON	DÉTAIL	PRIX total	PRIX par tête
	POTAGE		
1 heure	1/2 kilo de pommes de terre, 0,04 Légumes divers, 0,02 Graisse 50 grammes, 0,10	0,16	0,02 1/2
	CAROTTES		
1 heure	1 botte carottes, 0,08 Graisse 50 grammes, 0,10	0,18	0,03
	POMMES DE TERRE		
1/2 heure	2 kilog. à 0,08	0,16	0,02 1/2
	FRICADELLES		
Entre-temps	Bœuf haché, 0,85 Œufs, 0,10 Beurre, 0,07	1,02	0,17
	Total :	1,52	0,25

[1] Conférences d'études sociales de N.-D. du Haut-Mont,
n° VI, décembre 1898.

La maîtresse interroge les jeunes filles sur les diverses propriétés nutritives des aliments qu'elles ont préparés, et sur maints détails culinaires.

L'inventaire de la cuisine est simple. Un fourneau de 0 m. 90 sur 0 m. 45, — sur deux rayons, ou suspendus au mur, les ustensiles d'une cuisine d'ouvriers ; un tableau où est figuré le dépeçage d'un bœuf ; un buffet fermé par des portes vitrées derrière lesquelles on aperçoit, outre quelques livres, les ingrédients d'une petite pharmacie domestique : tilleul, graine de lin, guimauve, menthe, camomille, chiendent, etc., et quelques provisions : riz, macaroni, sel, cassonnade, etc.

A l'extrémité opposée au fourneau, l'évier et quelques rayons, enfin un tableau où sont inscrits les divers emplois des jeunes filles attachées à la cuisine, avec des avis pratiques : 1o surveiller les mets, soigner le feu, etc. A la salle de couture, 20 jeunes filles y travaillaient assises sur des *bancs à dossier* de chaque côté de déux longues tables en bois blanc. Chacune a son tiroir et coud sur une pelote qui est un pavé sur lequel est placé un coussin, le tout recouvert d'une gaine d'étoffe. Cette pelote offre toutes garanties de stabilité et force les jeunes filles à se tenir bien droites en cousant. Enfin un tableau noir qui sert aux leçons de couture et aussi, j'imagine, aux leçons d'hygiène et d'économie domestique, car c'est pendant les travaux de couture ou de raccommodage et de tricotage que sont données ces leçons.

Les leçons de couture consistent dans les différents genres de couture, raccommodages, remmaillage, utilisation des vieux vêtements, coupe et confection des vêtements usuels. Les élèves cultivent dans le jardin des légumes et quelques fleurs, et apprennent, dans une salle à part, à pétrir et à cuire le pain.

Comme l'un de nous félicitait la supérieure de l'air de politesse et même de distinction des élèves : « C'est, en « effet, répondit-elle, un des résultats de l'éducation « donnée à ces jeunes filles à un âge où elles sont plus « capables et plus désireuses d'en profiter. Elles gagnent « davantage encore, peut-être, au point de vue moral et « religieux, que pour le tenue matérielle du ménage. »

Ecole Ménagère de Houssu

ANNEXÉE A UNE ÉCOLE PRIMAIRE

Cette école a le même genre d'organisation que la précédente comme installation.

Depuis que la loi interdit en Belgique de faire travailler les femmes au fond des charbonnages, beaucoup de filles de mineurs restent chez elles avec leurs mères. L'école est prospère, malgré les tendances socialistes du pays qui ont rendu ses commencements difficiles. Elle compte en ce moment soixante-deux jeunes filles qui y viennent chaque jour de la semaine de 8 h. 1/2 du matin à midi, et de 1 h. 1/2 à 6 h. en été, à 4 h. en hiver.
— Plusieurs, qui demeurent au loin, restent à l'école à midi, et, si elles ne sont pas de semaine à la cuisine, préparent à leur guise leur repas, au moyen des provisions qu'elles apportent.

La durée des cours est de trois ans.

Lorsqu'au bout de trois ans, les jeunes filles ont justifié de leur capacité, on leur remet un diplôme, et bon nombre d'entre elles se placent alors comme couturières ou femmes de chambre, ou encore vont en journées.

Le dimanche, dans la soirée, l'école ménagère se transforme en patronage.

Trois tableaux sont apposés à la muraille.

Le règlement d'ordre intérieur dont le premier article prescrit aux élèves de prendre l'engagement de demeurer

à l'école ménagère au moins deux années consécutives ;
— puis viennent les prescriptions de bonne conduite et
de bonne tenue, tant à l'école qu'au dehors ; de régularité ;
elles ne doivent pas manquer à l'école sans avoir obtenu
préalablement la permission de la Sœur, etc. Puis, ces
tableaux précisent les divers travaux et leur distribution
hebdomadaire. Ces travaux sont les mêmes que dans
les autres écoles ménagères de population industrielle.
Nous devons cependant remarquer que la durée de deux
années au moins de fréquentation journalière permet de donner à ces jeunes filles une éducation plus
professionnelle, surtout au point de vue de la couture,
de la coupe et confection du linge et des vêtements neufs,
et non pas seulement de l'utilisation des vieux, parce
que dans le milieu où cette école est établie, les jeunes
filles doivent chercher à gagner leur vie jusqu'à leur
mariage, en se plaçant en service, ou comme couturières,
ou en allant en journées.

A Ecaussines d'Enghien, où les ouvriers carriers
gagnent de fortes journées, les jeunes filles restent chez
elles pour la plupart ; les cours n'ont lieu que deux
journées par semaine pour chacune des deux sections
des élèves, qui sont formées surtout pour bien tenir leur
ménage dans l'avenir.

Ecole de la Souvière

Cette école appartient à MM. Bock, propriétaires d'une immense faïencerie, et est placée sous le patronage et la surveillance d'un Comité de Dames.

Les cours ont lieu le matin, de 8 h. 1/2 à 11 h. 1/2, et, le soir, de 1 h. 1/2 à 4 h. en hiver, à 5 h. en été.

Le jeudi et le samedi, les élèves ne viennent à l'école que dans la matinée. Elles sont soixante-dix.

Un cours spécial a lieu le soir pour les ouvrières de la faïencerie.

Les élèves du soir, qui ne sont pas moins de cent vingt, entrent à l'école à 6 heures et en sortent à 9 heures.

L'établissement de la faïencerie de MM. Bock emploie environ cinq cents jeunes filles. Il admet de préférence celles qui ont commencé à suivre les cours du jour à l'école ménagère, et une fois entrées à l'usine, ces jeunes filles continuent à suivre les cours du soir.

Celles qui étaient présentes gagnent un salaire qui varie de 0 f. 60 à 1 fr. 25 ; elles paient à l'école une rétribution mensuelle de 0 fr. 50. La rétribution est plus élevée pour les élèves du cours du jour, qui se divisent en deux catégories, de conditions et aussi de rétributions différentes. Sur la muraille est aussi affiché le règlement de l'école ; puis la distribution du temps de travail jour par jour, heure par heure, comme cela se fait dans chaque école ménagère.

La Sœur tient les trois cahiers exigés aussi de toutes les maîtresses des écoles ménagères. 1º La liste de présence des élèves, où est consignée la profession des parents ; 2º le journal de classe, où chaque jour avant la classe, la maîtresse est tenue d'inscrire quel en sera le programme ; 3º le cahier des recettes et dépenses.

Les élèves doivent avoir *toutes* un cahier, dans lequel elles transcrivent les notions, recettes, conseils, etc., donnés par les maîtresses.

Classe Ménagère de Dombasle

A Dombasle, près de Nancy, les Religieuses de la Doctrine chrétienne font suivre des cours d'école ménagère aux enfants de l'école primaire, depuis onze ans jusqu'à leur sortie, à 13 ou 14 ans.

L'Ecole est divisée en trois cours : cuisine, couture et repassage ; 10 élèves dans chaque cours.

. Les leçons de théorie sont faites pendant le cours par des explications selon l'ouvrage, et au besoin les notes sont prises par les élèves.

Les cours ont lieu le jeudi à 8 heures et demie jusqu'à midi.

Deux élèves au cours de cuisine dînent tour à tour avec les Sœurs, servent à table et doivent nettoyer et ranger la vaisselle.

Les cours sont changés chaque huit jeudis, de manière à ce que les élèves voient les mêmes cours deux fois par an. Les élèves fournissent leur ouvrage, couture et repassage, et la cuisine est aux frais des Sœurs.

Il serait évidemment préférable d'avoir des élèves plus âgées. Mais on ne peut prendre là les enfants que le jeudi et à cet âge.

ANNEXE N° 4

RÈGLEMENT DES ÉCOLES MÉNAGÈRES

Dirigées par les Sœurs de N.-D. de Namur

Règlement approuvé par le Gouvernement

DISTRIBUTION DU TEMPS

9 heures. — Théorie, c'est-à-dire explication des recettes, des plats à faire, calcul des prix, afin de pouvoir composer un repas sain et copieux, dont le prix ne doit pas dépasser 0 fr. 20 par tête. Dans certaines localités où la vie est plus chère, le prix du repas peut être de 0 fr. 25 par personne.

9 h. 50. — Marché et achat des provisions ainsi que peut en avoir un ménage d'ouvriers : pommes de terre, carottes, huile, beurre, graisse, etc. Les prix, d'après ces différentes choses, sont calculés d'après le nombre. Il y a aussi quelques provisions pharmaceutiques. On apprend aux élèves à en faire usage, et à donner les soins qui incombent à la mère de famille. Pendant qu'une partie des élèves fait les achats, les autres préparent et nettoient les légumes.

10 h. 1/2. — Cuisson. — Pendant ce temps, copie des recettes qui sont écrites au tableau. Les élèves ont ainsi, à la fin de l'année, un cahier complet de recettes de cuisine qui peuvent leur être utiles. Le prix de chaque chose, la durée de la cuisson, sont notés sur un tableau. Pendant ce temps, préparation du lavage et du repassage qui se font l'après-midi. — Le samedi, nettoyage à fond.

11 h. 1/4. — Préparation de la table.

11 h. 25. — Consommation des aliments.

11 h. 45. — Lavage de la vaisselle et mise en ordre de la cuisine.

Midi. — Sortie.

1 h. 1/2. — Théorie. Le lundi : hygiène ; le mardi : économie domestique.

2 h. 1/4. — Lavage ou repassage du linge jusqu'à 3 heures. Mercredi, jeudi et vendredi, le lavage ou le repassage commencent à 1 h. 1/2. Les élèves peuvent apporter leur linge personnel à laver et à raccommoder.

3 heures. — Raccommodage des bas et du linge, divers ouvrages indispensables à toute ménagère.

4 heures. — Sortie.

Les cours de cette école ménagère sont suivis par quarante élèves. Huit viennent chaque jour, et il se fait ainsi un roulement de façon que les élèves ne reviennent aux mêmes cours que toutes les six semaines. Les élèves continuent à suivre leurs classes. On ne les admet qu'après la première communion. En général, elles y restent deux ans.

Distribution des emplois

Nota. — Les numéros se tirent chaque jour à l'arrivée des élèves.

Les numéros 1, 2 et 3 vont faire les achats.

4, 5 et 6 nettoient les légumes et mettent les mets au feu.

7 procure l'eau et passe le potage.

(En Belgique, toutes les soupes sont passées au tamis et servies en purée).

8 prépare le combustible et allume le feu.

Service de la table

1 prépare la table.
2 sert le pain.
3 cherche et verse l'eau ou la bière.
4 sert la soupe.
5 coupe et sert la viande.
6 sert les légumes.
7 et 8 desservent.

Vaisselle

1 et 2 lavent la vaisselle. — 3 rince. — 4 et 5 essuient. — 6 remet tout en place. — 7 balaie la cuisine. — 8 y passe le torchon.

ANNEXE Nº 5

Note sur l'Ecole Ménagère d'Epernay

Au monastère des Religieuses de Saint-Dominique, à Epernay, une école ménagère de jeunes filles pauvres est annexée, dans un local spécial, au pensionnat de jeunes filles de la haute classe. Les élèves y sont admises dès l'âge de 13 ans et pour deux années au moins, soit à titre d'internes, soit à titre d'externes.

La pratique du ménage, la cuisine, le blanchissage, le repassage, le raccommodage et la confection du linge ét des vêtements, tous les genres de travaux manuels ainsi que le dessin et la coupe métrique, forment l'ensemble du programme.

La théorie précède toujours la leçon pratique, et les idées d'ordre et d'économie dominent tout l'enseignement.

L'outillage spécial de l'école, le matériel de la buanderie et de la cuisine, sont ceux qui composent ordinairement le ménage d'une famille ouvrière. Pour la cuisine, on se borne à la préparation des plats à bon marché, utilisant les moindres restes et se tenant ainsi dans les limites qu'autorise le modeste budget d'un artisan.

Une attention spéciale est apportée aux travaux de couture, qui occupent une grande partie de la journée et auxquels on cherche à donner un caractère professionnel. En cherchant à former l'ouvrière dans l'enfant, on la met à même de réaliser plus tard de réelles économies et de contribuer ainsi au bien-être de la famille.

Tous les travaux sont divisés en sections par lesquelles chaque enfant doit passer successivement semaine par semaine, sauf pour la cuisine dont l'enseignement est plus profitable, lorsqu'il est donné sans interruption pendant quatre semaines.

Le compte exact des dépenses faites pour la cuisine, la lessive et le repassage, est tenu par les enfants qui sont de semaine.

Une même salle sert à la fois de cuisine, de buanderie et de réfectoire pour les internes et pour celles des externes qui préfèrent apporter le repas de midi. Une autre salle est destinée aux travaux manuels, au repassage et aux diverses leçons de coupe métrique, de dessin et même de français et de calcul, donnés chaque jour. De grandes tables très simples et des bancs à dossier favorisent la bonne tenue des écolières, et, grâce à la corbeille à ouvrage posée devant chacune d'elles pendant les heures de couture, l'ordre et le soin des objets à confectionner est facile à obtenir.

Les cours ont lieu toute l'année suivant ce règlement.

ÉCOLE MÉNAGÈRE D'ÉPERNAY

Règlement de 8 heures à 11 heures 1/2 et de 1 heure à 6 heures 1/2

Heures	Lundi	Mardi	Mercredi	Jeudi	Vendredi	Samedi	Dimanche
8 heures	Pratique du ménage	Pratique du ménage	Pratique du ménage	Pratique du ménage	Pratique du ménage	Pratique du ménage	Messe
9 heures	Cuisine	Entassement de la lessive	Lessive	Cours de coupe	Théorie du ménage	Couture	Lecture des notes
10 heures	Cuisine	Cuisine	Lessive	Cours de chant	Couture	Couture	Cours de chant
11 heures	Leçon	Leçon	Leçon	Leçon	Leçon	Leçon	Étude
11 h. 1/2	Dîner	Dîner	Dîner	Dîner	Dîner	Dîner	Dîner
Midi	Récréation	Récréation	Récréation	Récréation	Récréation	Couture	Récréation
Midi 1/2	Couture	Couture	Repassage	Repassage	Repassage	Couture	Récréation
1 heure	Couture	Couture	Repassage	Repassage	Repassage	Couture	Vêpres
2 heures	Couture	Couture	Repassage	Repassage	Repassage	Couture	Récréation
3 heures	Couture	Couture	Repassage	Repassage	Repassage	Récréation	Récréation
4 heures	Récréation	Récréation	Récréation	Récréation	Récréation	Couture	Récréation
4 h. 1/2	Couture	Couture	Couture	Couture	Couture	Leçon	Récréation
5 heures	Leçon	Leçon de dessin	Leçon	Leçon	Leçon	Leçon	Récréation
6 heures	Couture	Couture	Couture	Couture	Couture	Couture	Salut

Les cours ont lieu toute l'année suivant ce règlement.

ANNEXE N° 6

Examen pour le diplôme

La Sœur institutrice doit choisir un manuel propre au genre d'école qu'elle dirige. Nous avons donné de nombreux titres à l'annexe bibliographique. Ils sont en général très peu chers, et il faut choisir ceux dont l'enseignement est le mieux approprié aux besoins de la localité. Ainsi, par exemple, la nourriture n'est pas la même dans le Nord que dans le Midi de la France, il en est de même des prix de toutes choses, des salaires des ouvriers, enfin des habitudes de la localité.

« La Sœur peut demander à l'élève, quand celle-ci est
« un peu familiarisée avec le régime de l'école, de dres-
« ser elle-même le budget d'un modeste ménage. C'est un
« moyen à peu près certain de savoir comment vit et se
« nourrit la population ouvrière d'une localité. La Sœur
« s'en inspirera plus tard pour améliorer et souvent
« même modifier le régime alimentaire d'une famille
« ou même d'une localité tout entière » [1].

Elle peut ainsi transformer bien des usages surannés dans les habitudes du pays où elle se trouve, non seulement pour l'alimentation, mais pour tout ce qu'embrasse l'enseignement des écoles ménagères.

[1] M. Rombaud.

Quand ce Manuel sera choisi, l'institutrice devra en faire prendre un à chaque élève. Elle explique la veille la leçon que l'élève doit apprendre. Le lendemain, elle la questionne, l'engage à raisonner ce qu'elle a appris, afin de développer non la mémoire, mais l'intelligence et le jugement personnel de l'enfant.

Puis la Sœur donne la leçon pratique. C'est sur les matières enseignées dans ce manuel que les examinateurs doivent faire porter leur examen.

Ainsi, dans la partie qui traite de l'Economie domestique, on donne le budget d'un ouvrier, selon le salaire moyen du pays. Supposons un salaire de 2 fr. 50 par jour, le budget s'établira ainsi :

		par jour	ou par an
Recettes		2 50	912 50
Dépenses	Nourriture	1 60	584 00
	Loyer	0 23	83 20
	Chauffage et éclairage	0 21	'78 00
	Habillement	0 25	91 25
	Diverses	0 05	18 25
	Dépenses du mari	0 05	18 25
	Assurances, caisses des retraites	0 05	18 25
	total	2 44	891 20

Ce qui fait comme économies 21 fr. 30.

Il faut alors composer avec 1 fr. 60 par jour des menus de repas suffisants pour le nombre de personnes qui composent le ménage, et aussi nutritifs que possible. Les manuels en donnent de nombreux.

Il faut se rendre compte des qualités des matières nutritives qu'ils contiennent, et savoir répondre quelle en est la plus juste proportion relativement au prix, qui se trouve dans le lait, le pain, les poissons, les légumes à cosses et enfin les œufs et la viande. — Si on achète pour 1 franc de pois, de fèves blanches ou de lentilles, on a trois fois autant de matières nutritives que si l'on achetait pour 1 fr. de viande de bœuf (800 gr. environ), pour 1 fr. de fromage maigre on en a quatre fois autant, etc. — On fait observer que pour que l'albumine des légumes à cosses soit digeste, il faut que ceux-ci soient parfaitement cuits et assaisonnés de graisse.

Ces manuels donnent des notions précises et courtes, très faciles à retenir.

Les examens sont nécessaires pour aider la Sœur à stimuler les enfants, et aussi pour donner à ceux-ci une sorte de certificat d'études appropriées aux jeunes filles, qui peut leur être très utile, un certificat d'enseignement ménager.

Les examinateurs font des questions orales à l'élève pendant cinq minutes environ sur chaque branche, et donnent des notes :

Économie domestique, comptes de ménage, etc.,	5 minutes
Cuisine, alimentation,	—
Habitation, soins du ménage,	—
Hygiène, soins aux enfants, aux vieillards, pharmacie domestique,	—
Jardin potager, légumes, fruits,	—
Lapins, poules, porcs,	—
Laiterie, vache, etc.	—

Pour les grandes écoles ménagères, nous avons donné le programme de Virton.

Un examen écrit dure une heure sur chaque branche, si les élèves sont assez développées.

Comptabilité et carnet des dépenses journalières, etc.

Système métrique, ensuite problèmes simples.

L'intérêt, l'escompte, notes, factures simples.

Style usuel, exposer les cahiers.

Enfin l'exposition des pièces de coutures et raccommodages divers, — des différents objets de lingerie et de vêtements usuels dont nous avons déjà donné la liste, *coupés* et *confectionnés* par chaque élève.

Monsieur le Curé assiste à l'examen. Il a donné des notes sur les catéchismes de persévérance qu'il a faits une ou deux fois par semaine. C'est lui qui examine les élèves sur les questions religieuses, qui doivent tenir la première place dans ces Ecoles d'adultes, pour former des jeunes filles sérieusement instruites et profondément pieuses. Ces catéchismes se continueront sans doute après la classe ménagère, ainsi que les patronages des Sœurs, jusqu'au mariage des jeunes filles, qui deviendront ainsi de bonnes et saintes mères chrétiennes

ANNEXE N° 7

Organisation des Ecoles Ménagères

—

« En Belgique, l'organisation des écoles ménagères a
« été laissée à l'initiative privée ; elles ont été organisées
« soit par des sociétés particulières, soit par des com-
« munes, soit par des sociétés charitables.

« Le programme se borne à ce que nous avons énu-
« méré, et elles ne reçoivent de développement que
« suivant qu'elles sont classes ou écoles ménagères. Il y
« a des classes externes, comme nous l'avons dit, qui
« reçoivent les jeunes filles tous les jours ; d'autres qui
« ne comportent que deux séances de deux heures et
« demie chacune par semaine, tandis que d'autres ont
« quatre jours par semaine. Comme travail, on a trouvé
« qu'il était préférable de charger des mêmes exercices,
« pendant une semaine entière, le même groupe d'élèves ;
« de cette façon, les jeunes filles peuvent immédiate-
« ment rendre des services chez elles, tandis qu'en
« changeant tous les jours de travail, il faut un temps
« plus long pour que les élèves s'assimilent les travaux
« pratiques. Cela a cet autre avantage encore de per-
« mettre aux élèves d'apporter à l'école, au début de la
« semaine, des effets et du linge qui seront en ordre
« lorsqu'elles rentreront chez elles à la fin de la semaine :
« l'on va du simple au compliqué. Et, afin de répondre
« à toutes les exigences, on donne des cours aux heures

« où, selon les localités, les enfants peuvent y assister ;
« il y a des cours qui se donnent le matin, d'autres les
« après-dînées, d'autres le soir.

« L'intervention de l'Etat belge dans les dépenses des
« écoles ménagères varie du 1/3 aux 2/5 des dépenses
« totales, suivant qu'il s'agit d'une classe ou d'une école
« ménagère. De plus, il accorde une subvention de
« 50 p. 0/0 pour l'achat du matériel. Quant aux locaux,
« ils sont à la charge des organisateurs. Deux ou trois
« chambres suffisent généralement pour l'installation
« d'une classe ou d'une école ménagère. L'outillage doit
« être simple, modeste, et tel qu'il est utilisé dans les
« différentes régions où sont situées les écoles.

« Généralement, le budget annuel d'une classe ména-
« gère varie de 400 à 800 francs, et celui d'une école
« ménagère de 1.500 à 2.000 francs. La différence pro-
« vient du temps que les Sœurs doivent donner aux
« cours.

« La subvention totale de l'Etat en Belgique, en 1889,
« était de 100.000 francs. Il y avait alors 230 écoles mé-
« nagères ou classes ménagères [1]. »

-----

[1] M. E. Rombaud, Inspecteur général des écoles techniques
de Belgique. *Les Ecoles ménagères en Belgique*, prix : 0 fr. 50.
(Au secrétariat de la Société d'économie sociale, 54, rue de
Seine, Paris).

ANNEXE N° 8

Bibliograhie

DE L'ENSEIGNEMENT DES TRAVAUX A L'AIGUILLE

1o *Pédagogie des travaux à l'aiguille* à l'usage des Ecoles de filles, 1 vol. 287 pages, par M. P. W. Cocheris, Paris, librairi Ch. Delagrave. (Ce livre est destiné à la Sœur institutrice).

Les municipalités ont été invitées à allouer des fonds aux écoles primaires, afin de fournir aux élèves pauvres le matériel de la couture pour arriver à l'enseignement *simultané* préférable au début, à l'enseignement individuel, chaque série d'élèves devant faire le même point de couture avec du fil rouge, puis du blanc, pendant que la maîtresse donne à toutes les instructions pour le bien faire. Les écoles libres auront recours à la charité pour se procurer ce matériel. Il serait bon qu'à 13 ans toutes les jeunes filles pussent présenter la pièce de toile renfermant tous les genres de coutures et de raccommodages qu'on demande pour le certificat d'études. On gagnerait ainsi beaucoup de temps à l'école ménagère.

2o *Méthode de coupe et d'assemblage* pour robes de femmes et vêtements d'enfants. 1 v., 143 pages. Paris, librairie Ch. Delagrave, par M. G. Scheffer.

3º *Nouvelle méthode de coupe*, par Mlle Alice Guerre. 6e édition, Firmin Didot, lib., rue Jacob, 56, Paris.

Cet ouvrage est le plus complet, le plus propre à donner la perfection de la coupe, l'élégance du vêtement. Il donne la méthode géométrique qui a pour base un rectangle auxiliaire ou simplement une ou deux lignes directrices dont les dimensions dépendent ordinairement des mesures prises. C'est à ces lignes auxiliaires qu'on rattache le tracé de chacune des parties du patron. Cette méthode est adoptée de préférence dans les écoles. Mais la méthode proportionnelle, c'est-à-dire l'emploi d'un patron-type, agrandi ou diminué, est parfois plus simple pour les classes rurales qui n'ont besoin que d'un enseignement restreint sur ce sujet. Les élèves peuvent emporter les patrons coupés par elles dans un carton — il faut leur en donner chaque semaine comme récompense au bout de quelque temps. Il est nécessaire que toutes les enfants arrivent à pouvoir couper les patrons du linge et de tous les vêtements usuels d'un ménage d'ouvriers et de paysans, comme à tirer parti des vieux vêtements d'une façon intelligente.

La méthode perfectionnée de Mlle Alice Guerre sera réservée aux villes, — aux milieux qui doivent former des couturières ou des femmes de chambre, etc., et qui ont besoin d'un enseignement professionnel.

Il est indispensable que les maîtresses de couture, de coupe et de confection surtout, s'approprient à l'avance ces diverses méthodes par une étude spéciale et très approfondie, pour savoir non seulement couper, mais *enseigner a couper*.

Les leçons de Mlle A. Guerre et de Mlle Scheffer se donnent au tableau noir. Les élèves doivent, avec les mesures prises au mètre, savoir tracer un patron au tableau, puis le tracer sur le papier, le couper et le poser sur l'étoffe qu'elles couperont *elles-mêmes* sous la direction de la maîtresse.

Il faut donner ces leçons de coupe dès la première année, trois fois la semaine; engager les enfants à apporter l'ouvrage de leur famille et de leurs connaissances, ce qui leur donnera une certaine responsabilité, stimulera leur application et les attirera à l'école. Ces leçons données ainsi trois fois la semaine, ainsi que l'emploi de la machine à coudre ne doivent être appliquées qu'aux élèves qui ont fait la pièce des diverses coutures et raccommodages dont nous avons déjà parlé.

Dans les usines où se trouve une société coopérative de consommation ou un Economat, les vêtements que l'on y vend tout faits pourraient être confectionnés par les élèves de la classe ménagère.

ENSEIGNEMENT DES TRAVAUX DU MÉNAGE

1. — *Le chemin du bonheur domestique*, chez Balon Vincent, rue de Fer, n° 10, Namur. Prix, 1 fr. 25.

Ce livre inspiré de l'ouvrage intitulé le *Bonheur domestique* qui est fait pour les jeunes femmes, est plus approprié à l'enseignement pratique des enfants et des pauvres ménages. On ne saurait assez le recommander aux directrices d'Ecoles ménagères. C'est celui que M. Harmel a choisi pour son école du Val des Bois.

La cuisine devra être appropriée pour certains mets aux usages et aux prix de la localité, mais on donne des menus de repas pour un ménage de six à huit personnes qui ne s'élèvent qu'à 1 fr. 10, 1 fr. 50 en montrant combien un repas coûte facilement plus cher qu'un autre, qui est tout aussi nourrissant et fortifiant.

2. — *L'école ménagère, Cours donné à l'école ménagère de Verviers*, par Mme L. Mathieu, institutrice communale.

3. — *Cours complet d'économie domestique*, par Mlles Louise Détienne et Zélie Liénard, régentes à l'école moyenne de l'Etat à Pecq, chez Wesmal Charlier, éditeur, rue de Fer, 53, Namur. 4e édition. 2 fr.

4. — *Les premières leçons d'économie domestique* à l'usage des écoles et pensionnats de *demoiselles* par Mlle Ernestine Wirth et Mme E. Brit. 5e édition, librairie Hachette, qui sont destinées aux jeunes filles d'une classe plus élevée.

On se sert à Virton de ce dernier livre ; les cours de laiterie et d'horticulture des professeurs sont autographiés. Il serait nécessaire de chercher des ouvrages pour les remplacer avec tous les perfectionnements nouveaux véritables et sérieux.

On emploie aussi à Virton *La cuisine des ménages* de Mme B. Blanquet, — *Le parfait pâtissier*, — et enfin :

5. — *Le conseiller de l'humble ménagère*, 1re partie. Notions d'économie domestique, même libraire et mêmes auteurs, 0 fr. 60. — 3e partie, *Hygiène*, prix 0 fr. 35, — *Résumé id.*, 0 fr. 30.

6. — *Les leçons d'agriculture et d'économie domestique*, d'après le programme de l'Association bretonne, chez les Frères de l'instruction chrétienne à Ploërmel.

7. — *La ménagère agricole par Barillot*, 1 fr. 40.

8. — *La première année de ménage rural à l'usage des écoles de filles*, par Baquet, Paris, Armand Collin.

9. — Le Comité de l'Union catholique de Seine-et-Marne a édité des cahiers de comptabilité ménagère, à répandre dans la première classe de ces écoles.

10. — *Manuel d'économie domestique*, d'alimentation et d'hygiène, rédigé, d'après les programmes officiels, par M. du Caju, régente d'école normale. 4e édition, prix 1 fr. 25, chez J. Lebègue et Cie, libraires, 46, rue de la Madeleine, Bruxelles. — Excellent manuel.

11. — *Manuel de l'enseignement agricole* du comte Eugène d'Oncieu de la Batie, membre de la commission supérieure d'Enseignement agricole de l'Union du Sud-Est. (Voir la partie du livre qui traite de l'enseignement agricole des jeunes filles ; les écoles ménagères, — et les titres de livres à la table). Chambéry, imp. Savoisienne, 5, rue du Château, 1898.

12. — *Notions d'agriculture et d'horticulture* à l'usage des écoles primaires, par J. Foiseul et E. Vallon. Namur, 7e édition. Imp. Lambert de Roisin, 28, rue de l'Auge.

13. — Livraisons des *Conférences sociales* de Notre-Dame du Haut-Mont, no v et no vi. Octobre et décembre 1898, Lille, imp. Victor Ducoulombier, 78, rue de l'Hôpital Militaire.

14. — *Les écoles ménagères en Belgique*, par M. Eugène Rombaud, inspecteur général des écoles techniques en Belgique. Paris, secrétariat de la Société d'Economie sociale, 54, rue de Seine. Prix, 0 fr. 50.

15. — *Trois fléaux de la classe ouvrière. La mauvaise tenue des ménages ouvriers.* Mgr Turinaz, évêque de Nancy. Le *Correspondant* du 28 mai 1898, rue de l'Abbaye, 14, Paris.

16. — *L'aisance par l'économie,* dédié aux ouvrières intelligentes par la grand'mère Marthe : ouvrage recommandé par le Conseil général des Vosges, 3e édition, 1895, Epinal, imp. Froereisen. In-18, 120 pages.

17. — *La science du ménage,* par l'auteur des *Paillettes d'or,* 22e édition, Aubanel à Avignon.

18. — *Economie domestique,* hygiène, alimentation et horticulture, par G. Destexhe et M. Marulle. 5e édition. 1-12-317 pages. Liége, imp. H. Dessain, rue Trapé, 7.

19. — *Cours d'économie domestique* d'après les programmes officiels, par Marie Destrée. 2e édition, le foyer domestique, alimentation, hygiène, horticulture, la basse-cour, l'étable et la laiterie. In-16, 328 pages. Bruxelles, J. Lebègue, imp., 46, rue de la Madeleine.